FROZEN

MOMENTS

Poems & Musings

FROZEN

MOMENTS

Poems & Musings

ANJU GHORIWALA

Worldwide Publishing by

Pendown Press

Powered by Ⓖ Gullybaba

PENDOWN PRESS

Powered by **Gullybaba Publishing House Pvt. Ltd.,**
An ISO 9001 & ISO 14001 Certified Co.,
Regd. Office: 2525/193, 1st Floor, Onkar Nagar-A, Tri Nagar,
Delhi-110035
Ph.: 09350849407, 09312235086
E-mail: info@pendownpress.com
Branch Office: 1A/2A, 20, Hari Sadan, Ansari Road,
Daryaganj, New Delhi-110002
Ph.: 011-45794768
Website: PendownPress.com

First Edition: 2022

ISBN: 978-93-5554-024-9

Praise for this Book

Frozen Moments, Anju's first book of poems, landed me into nostalgia. Brought back so many old memories. I had met her for the first time at the offline poetry adda "AAP KA NAZRANA.COM" organized by the members and poets of RYZE network, back in 2002. Her short poems are like espresso shots, shifting between Hindi and English; they feel like mini stories… she's been through a lot in life and these poems expose her strength and calmness. Her poems are real, sensitive and above all DIL SE.

–Rajesh Gupta, The Lensocrat
Award Winning Celebrity Photographer l Brand Ambassador for
Canon East of India l Poet l Actor

Dedication

This book is dedicated to the loving memory of my father and my husband, the two men who always encouraged me to write and wished to see my poetry published.

Finally, your dream for me has come true.

Index

Foreword-1   i

Foreword-2   iii

Acknowledgements   vi

1. A Teardrop Caresses The Cheeks...   1
2. Tere Saath Beeta Har Pal   2
3. Dil Ki Kasak   3
4. Don't Say Sorry, My Love   6
5. Frozen Music   8
6. Yaadein...   9
7. That Fateful Goodbye!   11
8. Vaada   13
9. Udhaar Ki Khushi   14
10. Shhh...   16
11. Parwaana   18
12. Naasoor   19
13. Oh, Damn Me, Why Am I So Good?   20
14. Bhooli Huyee Yaadein   23
15. Milne Ko Jab Jee Chahe   25
16. Itna Aasaan Nahin   26
17. Bina Manzil Ki Raahein   27
18. My Cute Little Princess   28

19.	Zindagi	30
20.	Neele Aasmaan Ke Tale	31
21.	Maasoom Sa Sannaata	32
22.	My Darling Teddy Bear	33
23.	Kuch Toh Baatein Baaqi Theen	36
24.	Why You???	37
25.	The Whirlpool of Desire	39
26.	Kafan Mein Lipti Huyee Aas	40
27.	Bekhudi Ka Josh	41
28.	Bas Tu Hee Hai	43
29.	The Magic Words	45
30.	Aao Hum Naachein Gaayein	47
31.	Shaayad	49
32.	Haule Se Koi Aata Hai	50
33.	Aise Insaan Se Dil Kyun Lagaaya	52
34.	Yes...He is!	54
35.	Jee Chahta Hai	56
36.	Dhokha	58
37.	Daba Huwa Ehsaas	59
38.	Bhooli Waadiyon Mein (Part-1)	60
39.	Bhooli Waadiyon Mein Dafn Sapne (Part-2)	62
40.	Aaj Phir Ek Khwaab	64
41.	Namesake	65

Foreword-1

Years ago I had read in the New Yorker an article called Love and Loss by Monika Jablanski. The story concerned an Asian who suffered a seizure, entered a fugue state and in that mental island, feverishly wrote about her situation. There were subconscious resonances that had a poetic touch in the scattered verse lines within the story.

I am similarly reminded of the powerfully simple language in Anju Ghoriwala's sheaf of poems, Frozen Moments, something that rings in your mind and stays in your heart where words open doors and paint the feelings of the poet. In these poems are inscribed lines of pain: "...Bas ek chah liye/Jeeye jaa rahee hoon/Tumhaare khwaabon ki duniya/ Haqeeqat bana sakoon..." (Aaj Phir Ek Khwaab).

The reader feels the loss of centuries of love of the poet in the poems here. She is immersed in a conversational silence with her life partner and in this atmosphere she has found her love. She whispers to him: "I had become overly possessive/ Perhaps suffocatingly demanding too/I am sincerely sorry, My Love/Is all I have to say to you."

Not only do certain prayers rise in the poems but also the petulance that a person suffering a loss has for his beloved. The poet's soul waves in the prayer flags of love, whispering to the mountain winds to give her one glimpse of him and before her prayer is fulfilled she sees him next to her.

Through these immortal lines, poet Anju Goriwala assures us that we do not lose our beloved any time, but that he is always with us alive in our heart and soul. He is there for her as much as she is for him.

–Bob DCosta

A poet and novelist with six books of poems, four novels in paperback and five in e-book form, Bob DCosta has worked as a school teacher for two decades and now runs Costa School of English, teaching English to children as well as giving talks on Happiness that can be achieved by living a simple life, minimum wants and living one day at a time, that is, living for the Now.

Bob lives in Kolkata, India and is a member of the Foundation of SAARC Writers and Literature, the SAARC Apex Body.

Find him at:

bob.dcosta14@gmail.com

www.amazon.com/author/bobdcosta

www.facebook.com/bobdcosta

amazon.com/author/bobdcosta

Foreword-2

अंजू जी, जब जब ये नाम याद आता है नज़रों के आगे एक बिंदास खिलखिलाहट फैल जाती है, ज़िंदगी को उसकी समस्तता के साथ स्वीकार करती खिलखिलाहट।

और यही अंजू जी की लेखनी में फैला हुआ है।

Aasha ka thaama huwa haath

Phisalta jaa raha hai

Ummeedon ki dor

Chhootati nazar aa rahee hai

Phir bhee chale jaa rahe hain

Bagair jaane ki manzil kahan hai

Dhundhle se raaston pe

Bagair jaane ki rukna kahan hai

अंजू जी की इन पंक्तियों से रिलेट करना हर किसी के लिए बेहद आसान है, मगर आगे बढ़ते रहने की ललक, बगैर कुछ जाने आगे बढ़ते रहना अंजू जी के व्यक्तित्व का आइना है।

Usne kaha
"Shaayad tum sahi keh rahe ho"
Lekin uski aankhein
Kuch aur keh rahee theen
Aaj phir ek baar
Usne apne dil ki aawaaz ko
Dhokha de hee diya

हर रिश्ते की त्रासदी, चाह कर भी कुछ कह न पाना। आंखों का शब्दों को झुठलाते रहना। इतने बेहतरीन तरीके से, इतने सरल शब्दों में रिश्तों को इतनी खूबसुरती से व्यक्त करना, ये सिर्फ और सिर्फ हृदय की लेखनी हो सकती है और अंजू जी तो इसमें माहिर हैं।

What are we and our relationship
Just an illusion created by us

इन दो पंक्तियों के आगे कुछ भी लिखना, ऐसा होगा जैसे एक बूंद से सागर को समझना और समझाना। उम्मीद में बंधे हुए इन रिश्तों को वही समझ सकता है जो जीवन सफर में आम से बहुत आगे पहुंच चुका होता है।

Haseen gunaah kar jaane ko ab yeh jee chahta hai

इस कविता में यौवन की वो मासूमियत है, प्रेम का वो बचपना है जहां आप किसी के साथ वो कुछ भी कर जाना चाहते हैं जो दुनिया की निगाहों में गुनाह है। मगर प्रेम किसी भी खींची हुई लकीरों के भीतर कब जी पाया है।

Is he with me now?
No, he isn't,
But, Yes he is!!!

इतने सरल शब्दों में इतनी गहनता, प्रेम की वो पराकाष्ठा जहां शरीर से परे प्रेम सिर्फ एहसास बन जाता है, न हो कर भी हर तरफ होना।

अंजू जी की लेखनी की यही खूबसूरती है कि आप जाने अंजाने बहुत सीधे सरल शब्दों की भावनाओं की गहराई में डूब जाते हैं। न होते हुए भी होने की ये अनुभूति वास्तव में अत्यंत गहन है।

–Nikhil Kapoor

A renowned fashion designer, poet and author is a gold mine of creative expression and arts. He is the Head Designer at Pratap & Sons, Jaipur and has penned a novel, six collections of poetry, a collection of stories and is a contributor to multiple anthologies of prose and poetry.

Find him at:

nkdesign65@gmail.com

Podcast https://open.spotify.com/ show/6LBe1d0D1XknXdKkh2yjMx.

Lamhe zindagi ke:

Facebook: https://www.facebook.com/lamhezindagikeblog/

Youtube: https://youtube.com/c/nikhilkapoor

Blog: http://lamhezindagike.in/

Instagram: https://campsite.bio/lamhezindagike

Acknowledgements

I started writing four liners when I was in school. My dad always encouraged me and wanted to send them to various magazines to get them published. But I never let him. It was only after he left for his heavenly abode that I decided to write more seriously and get my poems published.

I wasn't alone in this endeavor. My husband Suresh was a pillar of strength and motivation, always encouraging me to follow all my passions. He would always ask me when I would be ready to have my book published.

Little did 1 know that by the time I finally ended up finishing my 1st book, he too would be gone. His ever-smiling face, and his attitude of living life to the fullest is what motivated me to go on after he was gone.

It took me 3 whole years before I could finally muster the courage to plan everything and come up with this collection.

A major share of the credit for the same goes to my mom, my inspiration and my anchor of faith and my three beautiful children - my three energy boosters - my daughter Niharika, my son-in-law Mridul, and my son, Sarvesh who never let me succumb to challenges, always encouraging me to be a better version of myself.

I would like to take this opportunity to thank them all, for not just being there, but for truly taking care!

This collection of poems was possible because of each and every single one of you... Thank you for giving wings to my passion!

A Teardrop Caresses The Cheeks...

When a dream is shattered
A heart is broken

A dear friend is so near
Yet so far

A teardrop caresses the cheeks...

When you say things
Which you don't mean

And what you mean
Stays hidden in your heart

A teardrop caresses the cheeks...

When you pretend to fly
Without having wings

And pretend to laugh
With pain in your heart

A teardrop caresses the cheeks...

❖ ❖ ❖

Tere Saath Beeta Har Pal

Ab bhee itna dard hota hai
Kya shabd bayaan kar paayenge
Tere saath beete har pal ko
Kya hum swar de paayenge

Khushboo tere saath
Beete har lamhe har pal ki
Moti se bhee sundar yaadein
Tere saath beete har kal ki
Kaise shabd doon main unko
Uss khushboo uss ehsaas amar ko

Bas ek dard
Ek pyaar bhara hai
Teri yaadon se
Mera sansaar bhara hai

Tere pyaar ko
Tere jaane ke dard ko
Hum kya bayaan kar paayenge
Tere saath beete har pal ko
Kya hum swar de paayenge

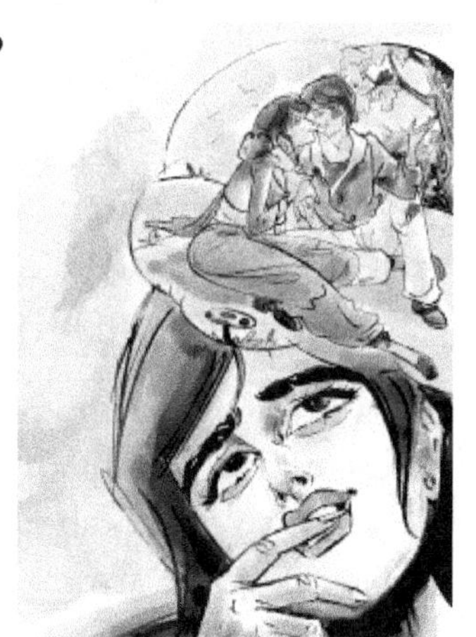

Dil Ki Kasak

Phoolon tum yun na muskurao
Kaliyon tum yun na khilkhilao
Bhanware tum yun na gungunao
Saawan tum yun na jhoom jao

Mujhko bhee yeh khabar hai
Uske aane ki yeh laher hai
Lekin yeh geet tab tak hain adhoore
Jab tak dil ke armaan hon na poore

Woh har baar yun hee aata
Dil mein kasak si chhod jaata...

Uski bhee aankhon mein maine dekhee
Zazbaat ki woh kasak hai
Uski bhee saason mein bhari
Pyaar ki woh mahek hai

Lekin dil ki baatein bayaan
Na hum kar paate na woh kar paata

Woh har baar yun hee aata
Dil mein kasak si chhod jaata...

Kabhee sharaarat se jab woh
Meri ungli marodta hai
'Kuch laga huwa hai' kehke
Mere hothon ko chhedta hai

Phir sharaarat se mere gaalon pe
Woh choonti kaat jaata

Woh har baar yun hee aata
Dil mein kasak si chhod jaata...

Ek baar apni baahon mein jab
Usne mujhe thaama thaa
Tab main ladkhada gayee thee
God mein bhee usne uthaaya thaa
Jab dard se chal na paa rahee thee

Phir madhosh aankhein milte hee
Chhaa gaya thaa gehraa sannaata

Woh har baar yun hee aata
Dil mein kasak si chhod jaata...

Lekin...
Iss se pehli baar toh usne
Haya ka parda thoda hata diya thaa
Haule se usne mera
Aanchal jab chhuwa thaa

Meri aankhein jhuk gayee theen
Dil ki dhadkanein ruk gayee theen
Saansein mahek rahee theen
Tamannaayein bahek rahee theen

Main ghabra si gayee thee
Thoda sharma si gayee thee
Seene se lag ke uske
Meethe sapno ko bunn rahee thee

Phir woh chupchaap chala gaya yoon
Iss se pehle ki hosh mujhe aata

Woh har baar yun hee aata
Dil mein kasak si chhod jaata...

Don't Say Sorry, My Love

Don't say sorry, My Love
It's not your fault, dear
It's all my fault, a little too late, I realized
You told me my limits sound and clear
Then all of a sudden, why am I surprised

You have your dreams to fulfill
Your own life to lead
Foolish of me to expect you to be there
Whenever I need

I had become overly possessive
Perhaps suffocatingly demanding too
"I am sincerely sorry, My Love"
Is all I have to say to you

Go my love, you are free to go, no need to run
Lead your "good" life, enjoy and have fun
To listen to my rubbish talks all the time
Now you have no compulsion

What are we and our relationship
Just an illusion created by us
You have big dreams with no place for me
So I am breaking the illusion with no fuss

But please never say sorry again, My Love
You know it hurts me a lot
Whatever happens, always remember
Forever I shall remain just yours

❖ ❖ ❖

Frozen Music

Time stood still and the moment froze
Minutes passed by or eternity, I just don't know

Just got lost in those dreamy eyes
Flying above the clouds so high
Drenched in the depth of those oceans, blue
How I came back, I only knew

BUT......

Have I actually come back?!?!?
Something I am yet to know
Or am still frozen in that frozen moment
I truly don't know

❖ ❖ ❖

Yaadein...

Aaj bhee woh aata hai
Kabhee sapno mein
Kabhee khayaalon mein
Bahut kehti hoon main
Thodi der aur thehar jao
Lekin...
Iss jahaan se gaye huye log
Ruk nahin sakte na

Kyun hota hai aisa
Log chale jaate hain
Toh unki yaadein tadpaati hain
Wahi yaadein
Jo kabhee
Badee haseen huwa kartee theen
Ab rulaati hain

Kabhee aansoo sookh jaate hain
Toh kabhee
Thamne ka naam nahin lete
Pata hai chala gaya woh
Lekin, kabhee kabhee
Dil yaqeen kyun nahin kar paata
Kaash woh laut aaye
Hamesha ke liye

Kayee pal saath jeeye
Kayee pal, adhoore rah gaye
Bahut kuch yaad hai
Aur shaayad kuch bhool gaye
Waise bhee
Bas yaadein hee toh baaqi hain
Aur bacha kya hai

That Fateful Goodbye!

Wish you could have seen my unshed tear
Wish you could have felt my innermost fear
Wish you could have known the hidden pain
Why were you so heartless, what did you gain?

Perhaps your love I don't deserve
I think maybe I am just not worth
Of any of the joys of this heaven 'n' earth
Not in my luck to get happiness 'n' mirth

I don't blame you for any of these
One day the truth I had to face
Trying to run as much as I could
I still would have lost this race

From your life I will be gone very soon
As with the arrival of the day vanishes the moon
Will fade fast in your memories too
As short lived as the morning dew

Wish you could have seen how much I love the rains
And that beautiful rainbow thereafter in the sky
Wish you could have known how much it scares n pains
The fateful moment of having to bid goodbye

Vaada

Sadiyaan beet gayeen
Tere intezaar mein
Aankhein thak gayeen
Takte takte teri raah mein
Magar tum na aaye

Aane ko toh barson se
Neend bhee nahin aayee
Magar usko kaise ilzaam doon
Usne aane ka
Vaada jo nahin kiya thaa

Udhaar Ki Khushi

Khushi toh hai tere aane ki
Aey sanam
Pal bhar mein chala jaayega
Iss baat ka bhee hai gum

Main jaanti hoon yeh khushi hai udhaar ki
Yeh meri ho nahin sakti
Tu na mera thaa na mera hai
Teri hoke bhee main teri ho nahin sakti

Udhaar zindagi ka
Mar mar ke chukaana hai
Pal bhar ki bahaarein hain
Pal bhar ka yeh afsaana hai

Mere khayaalon mein har pal
Tu rahega maujood, magar
Khwaabon ki duniya mein
Jeeyoon main kis qadar

Khil ke pal bhar ko
Mujhe phir murjhaana hai
Pal bhar ki bahaarein hain
Pal bhar ka yeh afsaana hai

Kaash samait paati iss pal ko
Hamesha ke liye aanchal mein
Qaid kar paati tumhe kaash
Main apni in saanson mein

Lekin yeh haq nahin mera
Tu mere liye begaana hai
Pal bhar ki bahaarein hain
Pal bhar ka yeh afsaana hai

Dard se yeh rishta mujhe
Zindagi bhar nibhaana hai
Pal bhar ki bahaarein hain
Pal bhar ka yeh afsaana hai

Shhh...

Yeh jiska chehra
Meri aankhon mein basaa hai
Yeh jiska pyaar
Mere rom rom mein khila hai

Jiska ehsaas
Gudgudaata hai mujhe
Mann ki aawaaz se
Jo bulaata hai mujhe

Jiske baahon mein jaane ko
Dil yeh betaab hai
Jiske liye aankhon ne
Sajaaye sunahre khwaab hain

Jiske hothon ki hansee
Sun na chahti hoon
Jiske baahon mein khud ko
Dhoondhna chahti hoon

Yeh mujhe hai pata
Use bhee yeh samajh hai

Lekin Shhh...
Uska naam na poochhana mujhse
Woh mere dil mein chhupaa hai
Main hoon uski
Aur woh mera hai

Uska ehsaas
Hamesha dil mein rahega
Magar maine vaada hai kiya
Na main kuch kahoongi
Na woh kuch kahega
Shhh... Yeh ehsaas
Bas dil mein rahega

❖ ❖ ❖

Parwaana

Aag se na khela
Toh kya khela
Jal na saka
Woh parwaana kya...
Khud ko bacha ke
Gar jee bhee liya
Toh aisee zindagi ka
Afsaana kya...
Jee jaana kya
Mar jaana kya...
Aisee zindagi ka
Afsaana kya...

Naasoor

Zakhm chhupaane ki
Kitni bhee koshish karein
Lekin chhupte kahan hain
Logon se chhupaa bhee liya
Toh dil mein
Kanta banke chubhte hain
Kaan band bhee kar lein
Toh kya andar ki aawaaz
Goonjna band kar deti hai
Bahar kitnee bhee roshni kar lein
Dil ka andhera
Phir bhee qaher dhaata hai
Baatein toh
Aati jaati hain
Lekin jo mehsoos kiya
Woh naasoor ban
Zindagi bhar tadpaata hai

❖ ❖ ❖

Oh, Damn Me, Why Am I So Good?

Do you know I am good
Yeah! I am very good
Oh, so good don't even ask
Wonderful, fabulous and very smart

I am very strong
So you can play with my emotions
Pick me up one day, keep me close
And the very next day
Throw me into the oceans

And do you know why..??

Coz, I am so good
Damn me I am so, so good...

I don't have the right to
Possess feelings of desire
No cooling feel of love for me
I make do with discarded fire

No hugs, no kisses for me
Nor any sign of pulsing passion
I am not supposed to speak my heart
I am not God's normal creation

And do you know why..??

Coz I am so good
Damn me I am so, so good...

You can lust for me
As long as you want
But if I lust for you
Oops! There you are gone

Then you come and tell me
"Oh, how much for you I care
I am always there with you in your all sins
But me, you please spare"

And do you know why...??

Coz I am so good
Damn me I am so, so good...

Oh, how deeply I wish
If only I could be bad
If I could be a little selfish
The end wouldn't have been so sad

Alas!!!
Wishes... Only wishes
My desires, hidden desires
All burnt in an unspoken fire

And do you know why...??

Coz I am so good
Damn me I am so, so good...

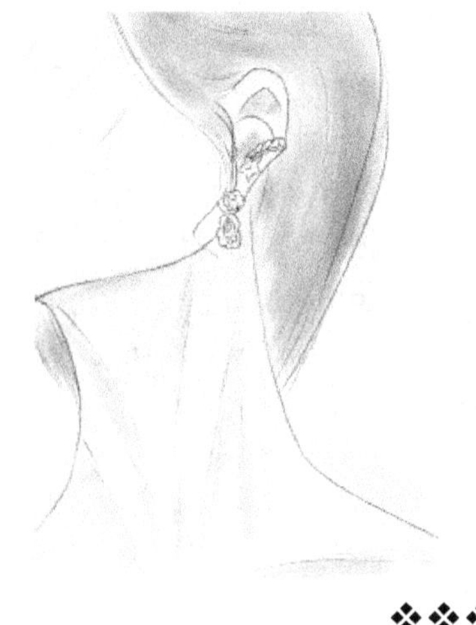

❖ ❖ ❖

Bhooli Huyee Yaadein

Aaj kyun dil itna ghabra raha hai
Rah rah ke koi bhoola huwa
Kyun yaad aa raha hai
Jaa chuka jab meri zindagi se woh
Phir kyun dil use
Waapas bula raha hai

Dhadkanein dil ki kyun
Bechain ho rahee hain
Sooni aankhein kyun
Aaj namm ho rahee hain
Yeh baarish ki boondein
Kyun sui chubho rahee hain
Ehsaas badal bhee gaye toh kya
Dil toh wohi hai

Dil pe aisa sitam
Kyun chhaa raha hai
Rah rah ke koi bhoola huwa
Kyun yaad aa raha hai

Maine bhee samjhauta
Khushi se kiya thaa
Hanste hanste hee
Har gum saha thaa
Chupchaap royee
Kisi se na kaha thaa
Ummeedon ka mahal
Jab dhahaa thaa

Uski jafaon ka silsila phir
Kyun tadpa raha hai
Rah rah ke koi bhoola huwa
Kyun yaad aa raha hai

Jis berahmi se usne
Rishta toda thaa
Mera wajood
Kahin ka na chhoda thaa
Hasti meri
Mita ke gaya thaa
Mere liye woh
Dard kuch naya thaa

Jhonka hawa ka aaj phir
Sab kuch yaad dila raha hai
Rah rah ke koi bhoola huwa
Kyun yaad aa raha hai

Jaa chuka jab meri zindagi se woh
Kyun dil use waapas bula raha hai
Aaj kyun dil itna ghabra raha hai
Rah rah ke koi bhoola huwa
Kyun yaad aa raha hai

Milne Ko Jab Jee Chahe

Meri yaad jo kabhee aaye
Phoolon ko choom lena
Dekhne ko jee jo chahe
Taaron mein dhoondh lena

Sun ne ka jo mann kare
Yeh humaari khilkhilaati hansee
Toh khilkhilaate nazaaron mein sun lena
Miloongi wahin kahin

Unn haseen sitaaron ke beech
Mera bhee wajood hoga
Chamkoongi aasmaan pe
Nazaara bhee woh khoob hoga

Vaada toh nibhaaungi
Hanste hanste hee jaaungi
Lekin dil ke iss kambakht dard ko
Kab tak yun chhupaaungi

Uss sunahre aasmaan se
Kabhee baarish ki aaye jo jhadi
Toh samajh lena shaayad
Hanste hanste main ro padi

Itna Aasaan Nahin

Itna aasaan nahin
Chale gaye ko bhool jaana
Itna aasaan nahin
Toote sapno ko bhool
Ek naya sapna sajaana

Dost jaate hain
Naye dost aate bhee hain
Yeh maana maine
Lekin itna aasaan nahin
Har kisi se phir
Waisi si dosti nibhaana

Bina Manzil Ki Raahein

Chale jaa rahe hain
Bagair jaane ki manzil kahan hai
Dhundhle se raaston pe
Bagair jaane ki rukna kahan hai

Aage milegi aandhi
Hoga toofaan ka darr
Ya milegi thandi chhaon
Sunahra sa apnaa ghar

Kuch nahin hai pata
Na hai sukoon
Bas hai ek bechainy
Aasha ka thaama huwa haath
Phisalta jaa raha hai
Ummeedon ki dor
Chhootati nazar aa rahee hai
Phir bhee chale jaa rahe hain
Bagair jaane ki manzil kahan hai
Dhundhle se raaston pe
Bagair jaane ki rukna kahan hai

My Cute Little Princess

Soft like snow
Fresh like morning dew
Still cherish the days and the nights
When you were a little bundle of magic, so cute

Like a little angel
With such a tender heart
Elegant like a little princess
And like a sweet little fairy, so cute and smart

You fight like a sister
And share like a friend
At times you scold like a mom
And then become your own pampering self again

You are like all the miracles
Of heaven stored in one
You are my cute little princess, my wonder girl
And my darling daughter, you are so much fun

I am really very lucky
To be blessed, by you as my daughter
I did not give birth to you
But you gave me the most sweetest name "Mother"

Love You Lots

*A gift to my daughter on her 16th b'day

Zindagi

Phir aaj ek sapna dekha
Phir aaj ek sapna toota
Kuch paaya bhee hai
Aur aaj phir
Haathon se kuch toh chhoota

Naya savera toh aaya hai
Nayee ummeedein nayee aashaaein lekar
Lekin...
Kitni poori hongi
Yeh pata nahin

Koshish toh kartee rahni padegi
Mushkil ho ya asaan
Zindagi hai
Jeenee toh padegi
Har roz
Ek nayee ummeed
Ek nayee koshish
Ek naye sapne ke saath

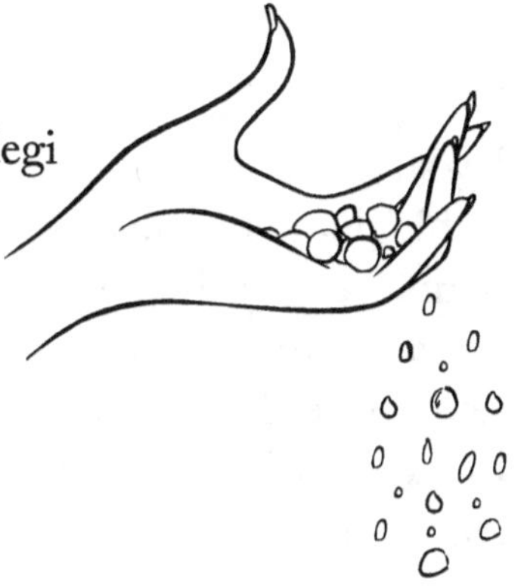

Neele Aasmaan Ke Tale

Neele aasmaan ke tale
Pakshi gungunaa rahe
Kahin door ek shankh ki dhwani
Sunn, hawaayein bhee muskura raheen...
Iss samaa mein doob kar
Hum bhee kahin kho se gaye
Band kar palkein, mann shaant karke
Nayee tarangon mein so se gaye

Maasoom Sa Sannaata

Maasoom sa yeh sannaata
Jaane kya kehna chahta hai
Kya isko bhee koi
Bhoola huwa yaad aata hai ?!?!?

Kya iski bhee zubaan pe
Kisi ka naam aake ruk jaata hai
Kya isko bhee koi
Bhoola huwa yaad aata hai ?!?!?

Ek jhalak kisi ki paane ko
Kya iska bhee dil machal jaata hai
Kya isko bhee koi
Bhoola huwa yaad aata hai ?!?!?

Khaamoshi ko zubaan bana ke
Kya iska bhee dil tadap jaata hai
Kya isko bhee koi
Bhoola huwa yaad aata hai ?!?!?

My Darling Teddy Bear

Teddy Bear!! Oh, my darling Teddy Bear

He is so cuddly
And he is so bubbly
He is so loving
And he is so caring

Tears in my eyes
He can never see
His smiling face always
Brings a smile to me

His talks just flatter
And oh, the way he pampers
The way he keeps his patience and cool
In the face of my hell like hot temper

Teddy Bear!! Oh, my darling Teddy Bear
You are just so sweet, my darling Teddy Bear

His talks make me laugh
When I am angry and mad
And the way he manages to tickle me
When I am down and sad

And at times when he gets angry
And the way he lovingly bullies
When I dare not to listen
To any instructions of his

Teddy Bear!! Oh, my darling Teddy Bear
You are just so cute, my darling Teddy Bear

No one dare say a word about him
Thinking he is an illusion
He is very, very real
He is my darling son
And not a figment of imagination

He is my soul
And my breath
He is my love, my life
And my heartbeat

He is fantastic, superb
Fabulous and the best
The best God given gift
That my life could ever get

Teddy Bear!! Oh, my darling Teddy Bear
You are just awesome, my darling Teddy Bear

I am forever yours
And you forever are mine
You are a part of me
My lucky wind-chime

Teddy Bear!! Oh, my darling Teddy Bear
Love you lots forever, my darling Teddy Bear

*A gift to my son on his 10th b'day

Kuch Toh Baatein Baaqi Theen

Kuch toh baatein baaqi theen
Kayee mulaaqaatein baaqi theen
Sanjoye they sang jo sapne
Woh kuch raatein toh baaqi theen

Sab chod gaye moonh mod gaye
Itni bhee kya jaldi thee
Kuch sun na thaa kuch thaa kehna
Kuch vaadey toh baaqi they

Why You???

The sun still rises bright
As does the darkness fall at night
The rain too comes and passes by
But no one can stop the inner cry

The heart continues to beat
Regularly like a machine
As does the breathing
Yet I don't feel alive from within

The moments, memories, feelings
All frozen cold and dry
Nothing to lose anymore
Nothing to win anymore, or to try

You left me alone
Leaving me dead inside
With nowhere to go
No place to hide

No pains, no complaint
Not possible, that I don't have
For the Almighty, yes, I do….
Lost faith in HIM, or not
I am not sure anymore, but
Can't stop asking HIM, why YOU...

The Whirlpool of Desire

Calling me with both hands stretched
This whirlpool of desire

Be it mind, heart or body
Everything's on fire

Seas of passions not letting me go
Pulling me in deep and deep

This damn pain is just so sweet
Smiles with the weep

This whirlwind of burning desires
Will it ever receive rains of peace

Will melted ice ever pour on these cravings
Will this yearning ever cease

Will someone come and stop the shivers
Of the burning and the chill

This damn pain is just so sweet
I am soaking in the thrill

Kafan Mein Lipti Huyee Aas

Aaj bhee uss raat ki
Kuch yaad baaqi hai
Ankahe lafzon ke jazbaat ka
Sailaab baaqi hai
Anchhuye uss sparsh ka
Ehsaas baaqi hai
Kafan mein lipti huyee
Ek aas baaqi hai

❖ ❖ ❖

Bekhudi Ka Josh

Jura Superstition Single Malt
Superstition nahin sach hai yeh
Isne mujhko mujhse milwaaya
That EUREKA moment
When I lost all my hosh
Jura leads to NIRVANA
Jura peeke aaya josh…

Jura peeke huyee kuch yoon madhosh
Ki usee madhoshi mein hee aaya waqai hosh

Thodi maayoos thee
Zyaada depress thee
Aankhein yun namm theen
Gum ki lahrein na kamm theen

Hosh ganwaane lagee
Phir tumko yun paane lagee
Madhoshi se palkein jo huyeen band
Ki phir ek baar bani main teri dulhan

Ab pakka yaqeen hai
Tu yaheen hai yaheen hai
Hamesha rahega ab saath
Toh phir ab darne ki kya baat

Ab na yaqeen chhodungi
Gum se rishta na jodungi
Ab khushi hee khushi hai
Haan umar bhar ab tu yaheen hai

Rakhega ab khayaal tu hee
Itna vishwaas hai
Yeh Jura ka superstition nahin
Haan ab yeh meri pakki aas hai

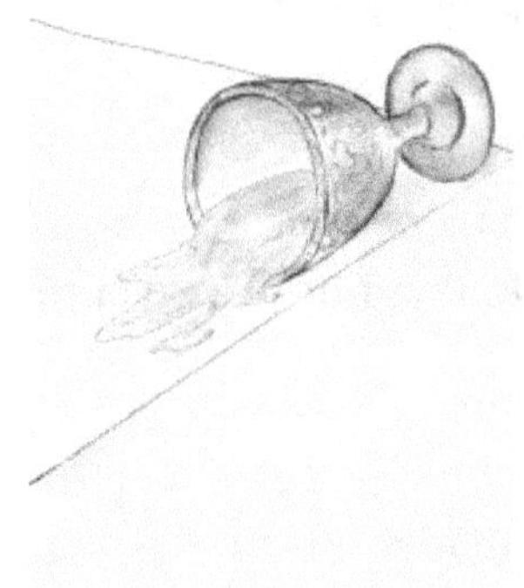

❖ ❖ ❖

Bas Tu Hee Hai

Ek din ek hafta
Ek saal phir kayee saal
Aise hee din beet te jaayenge
Par na ek pal ek lamha
Na ek saans na ek ehsaas
Tera bhoola hai na bhool paayenge

Har hawa mein
Teri khushboo hai
Har baadal mein
Chehra tera

Har dhadkan mein
Sunoon main tujhko
Tere ehsaas se hee
Prajwalit rom rom mera

Tere naam se hee
Wajood hai mera
Mujhme mehsoos tujhe hee
Karte hain aur karna chaahenge
Na ek saans na ek ehsaas
Tera bhoola hai na bhool paayenge

Ek din ek hafta
Ek saal phir kayee saal
Aise hee din beet te jaayenge
Na ek saans na ek ehsaas
Tera bhoola hai na bhool paayenge

The Magic Words

Why is the sunshine today looking so bright
Why in my eyes can I feel its light
Why is everything so fresh n lovely
Why today am I feeling so cuddly
Why are these birds sounding so sweet
As if they are giving my ears some treat
Why today while taking a shower
The water felt like the petals of a flower
Why today is the foam so soft
As soft as some fresh flakes of snow
Why today am I wearing my favorite dress
And why am I longing for his warm caress
Why today am I feeling the urge to dance
And wanting him to hold me by a miracle of chance
Why do my steps not feel like a normal walk
My words no more sound like my normal talk
Why do I want to feel his kiss on my lip
Why does life feel like a wonderful trip

Why couldn't I let go of my own embrace
After he said those three magic words to me
As if I was holding them and not myself...
That if I didn't hold them tight...they would flee

When he said those magic words, I could feel my heartbeat stop
My knees quivered and felt as if I would drop
It was something I didn't expect to come
For quite some time I had gone totally numb

Thank you for the magic words you said to me
Which not just made my day but my whole life
Treasuring the moment and the feel of it
I can go through anything and happily survive

Thank you my love, thank you so much
I too send your way the same magic words…

"I LOVE YOU"

Aao Hum Naachein Gaayein

Yeh suhaana mausam
Yeh sard si hawaayein
Aasmaan pe bikhri
Yeh chandni ghataayein
Chehre pe rimjhim boondein
Hum kyun na jhoom jaayein
Mor ke jaise phaila ke pankh
Aao hum naachein gaayein

Iss matwaale mausam ka
Milke hum jashn manaayein
Hum kyun na jhoom jaayein
Mor ke jaise phaila ke pankh
Aao hum naachein gaayein

Yeh samaa huwa rangeen
Hawa ki chaal huyee matwaali
Aao baithein doston ke sang
Leke haathon mein chaay ki pyaali
Samose jalebi pakodiyon ki
Platein ho jaayein khaali

Jhoom ke jhoolein hum
Baagon mein laga ke jhoole
Aur zulfein ud ud ke
Chehre ko choom jaayein
Iss matwaale mausam ka
Milke hum jashn manaayein
Hum kyun na jhoom jaayein
Mor ke jaise phaila ke pankh
Aao hum naachein gaayein

Nahin kahin bhee ab hai andhera
Aaya ek naya haseen savera
Khushiyon ne pakad ke daaman
Daala mere dil pe deraa
Uparwaala hai saathi apna
Phir kyun rahe maayoos chehra
Zindagi ke oonch neech
Bheetar ki khushi mita na paaye

Iss matwaale mausam ka
Milke hum jashn manaayein
Hum kyun na jhoom jaayein
Mor ke jaise phaila ke pankh
Aao hum naachein gaayein

Shaayad

Jab lagta hai shaayad
Ab aansoo hain sookh gaye
Tab tab
Aankhein bahti hain

Jab lagta hai shaayad
Tum bin jeena seekh gaye
Tab tab
Rooh yeh sahmi sahmi rahti hai

❖ ❖ ❖

Haule Se Koi Aata Hai

Dil aaj jhoom raha hai
Deewaana huwa jaata hai
Iss dil mein dene dastak
Haule se koi aata hai

Shamaa aaj kahin
Kisi ne jalaayee hai
Chupke se dheere se
Pyaar lene laga angdaayee hai

Iss shamaa mein koi
Parwaana jalaa jaata hai
Iss dil mein dene dastak
Haule se koi aata hai

Baarish ki yeh rimjhim boondein
Mere tann mann ko jalaane lageen
Sunke hain woh aane waale
Main sajne sanwarne lagee

Sunke uski aahat
Mann gudguda saa jaata hai
Iss dil mein dene dastak
Haule se koi aata hai

Humaari zaalim nazrein bhee jalayengi use
Humein maloom na thaa
Shamaa iss qadar pighal jaayegi
Humein maloom na thaa

Iss baarish ki boondon ki phuhaar
Thandak pahuncha rahee hai
Ek dooje mein sama jaane ki khwaahish
Sapne jagaa rahee hai

Haya ka parda bhee
Haule se hata jaata hai
Saare bandhanon ko tod
Jab woh mujhme sama jaata hai

Iss dil mein dene dastak
Jab haule se woh aata hai

Aise Insaan Se Dil Kyun Lagaaya

Dil khud ka khud hee tod liya
Dil jaane kab yoon bharmaaya
Dil ka aana haathon mein nahin
Humne bhee yeh rasm ko bin soche nibhaaya
Humne insaan dekh ke dil kyun na lagaaya

Na rok paaye hum khud ko
Sab kuch de baithe ek ajnabi ko
Dil ka har darwaaza khol diya
Khud ko ruswa karwaaya
Humne insaan dekh ke dil kyun na lagaaya

Uski bholi surat
Uski pyaari baatein
Uska sharaarati andaaz
Inn sab baaton mein dil kyun bharmaaya
Uski haqeeqat kyun na pehchaani
Kyun dil uski baaton mein aaya
Humne insaan dekh ke dil kyun na lagaaya

Uski aankhon mein aisee khoyi
Humne apni neendein ganwaayin
Ab jo bahe aansuon ka samundar
Humaara saath na de ab humaara saaya
Humne insaan dekh ke dil kyun na lagaaya

Yes...He is!

Did he touch me?
No, he didn't,
But yes...he did.

Did he hug me?
No, he didn't,
But yeah...he did.

Did he kiss me?
No, he didn't,
But yup...he did.

He was so far, but yet so near,
Oh! The feeling was just so real.

Could smell his fragrance,
Oh! so sweet!
When he held me in his arms,
Could feel his body heat.

When our lips met to kiss,
The softness of his lips on mine.
As if sipping and savoring,
The smoothness of fine, sweet wine.

His hands,
Caressing my hair,
I stood still not moving…
I just couldn't dare.

The tender love bites,
Marking my flesh with his teeth.
A soft sweet scream escaped my lips,
And my heart skipped a beat.

Was it just my imagination?
All a dream, while half asleep?
Then why do I feel so full?
And feel his presence so deep.

Is he with me now?
No, he isn't,
But, Yes he is!!!

Jee Chahta Hai

Thoda jee jaane ko ab yeh jee chahta hai
Thoda mar jaane ko ab yeh jee chahta hai
Haseen gunaah kar jaane ko ab yeh jee chahta hai

Dil me dard liye, aur liye lab pe hansee
Khud rote gaye, sab ko hansaate gaye
Seene mein agan si lagti rahee
Aansuon ki namee se bujhaate gaye

Iss dil ki lagee ko hawa dene ko, ab yeh jee chahta hai
Haseen gunaah kar jaane ko ab yeh jee chahta hai

Tasveer teri hum banaate gaye
Chup-chaap use phir chhupaate gaye
Kuch likh bhee diya, kuch likh na sake
Likh likh ke use hum mitaate gaye

Sab kuch keh jaane ko ab yeh jee chahta hai
Haseen gunaah kar jaane ko ab yeh jee chahta hai

Kanpkanpate hothon ki ankahi baatein
Sunke bhee tum anjaan ban se gaye
Kuch samajh gaye kuch na samajhe
Sambhaal mujhe khud sambhal bhee gaye

Lekin ladkhadaane ko ab yeh jee chahta hai
Haseen gunaah kar jaane ko ab yeh jee chahta hai

Tumhe parwaana banaane ko ab yeh jee chahta hai
Tumhaari baahon mein kho jaane ko ab yeh jee chahta hai
Haseen khwaabon mein so jaane ko ab yeh jee chahta hai
Gunahgaar tumhe bhee banaane ka ab yeh jee chahta hai

Qaid sapno ko aazaad karne ko ab yeh jee chahta hai
Ufff...
Tumhe bhee gunahgaar banaane ko ab yeh jee chahta hai
Haseen gunaah kar jaane ko ab yeh jee chahta hai

❖ ❖ ❖

Dhokha

Usne kaha
"Shaayad tum sahi keh rahe ho"
Lekin uski aankhein
Kuch aur keh rahee theen
Aaj phir ek baar
Usne apne dil ki aawaaz ko
Dhokha de hee diya

Daba Huwa Ehsaas

Iss sard si kaali raaton mein
Shaayad dabi huyee koi chahat hai
Iss soone se sannaate mein
Shaayad dabi huyee koi aahat hai

Jo door bahut hai
Paas nahin hai
Uska bhee kuch
Daba huwa ehsaas yahin hai
Saansein maddhamm
Aankhein aansuon se namm
Zinda laash se jeevan mein bhee
Shaayad dabi huyee koi aas bachi hai

Bhooli Waadiyon Mein

(Part-I)

Na ab ummeedein hain baaqi, na sapne humaare
Bhooli waadiyon mein, dafna diye hain saare

Na khwaahishon ki chubhan ab yeh dil ko rulaati
Na bechain dhadkan tumhe ab bulaati
Na agan lagaate ab raaton ko taare
Bhooli waadiyon mein, dafna diye hain saare

Na patton ki sarsaraahat ab dil ko lubhaati
Na phoolon ki khushboo yeh mann machlaati
Na ab hai yeh baarish armaan jagaaye sunahre
Bhooli waadiyon mein, dafna diye hain saare

Na jhonka hawa ka ab udaata hai mann ko
Na barfeele parwat lagaaye aag tann ko
Na saawan mein jhoole karein ab ishaare
Bhooli waadiyon mein dafna diye hain saare

Na oss ki yeh boondein ab gudgudaati mujhe hain
Na bheege hothon ki namee ab sansanaati mujhe hai
Na ab mann yeh dhoondhe teri baahon ke sahaare
Bhooli waadiyon mein dafna diye hain saare

***

Bhooli Waadiyon Mein Dafn Sapne

(Part-II)

Jin waadiyon ko main bhooli
Woh humein ab kyun pukaare
Jinhone sahaara chhoda
Woh ab kyun dhoondhe sahaare

Ab hai yeh dil patthar
Na ab teri khushi gum humaare
Hum besahaare kya denge kisi ko sahaare
Bhooli waadiyon mein dafna diye hain saare

Woh baarish woh garmi woh jhonka hawa ka
Sabhee ko humne dil se diya hai bhula
Na koi yaad humko, kare ab ishaare
Na koi haseen aahat ab iss dil ko pukaare
Ab toh…
Bhooli waadiyon mein dafna diye hain saare

Magar haan aaj main tumse yeh puchhoon
Kya khoya kya paaya kya banaaya yeh puchhoon
Huye tum kyun unn waadiyon se door yeh puchhoon
Kyun toota nazook dil yeh tumhaara, yeh puchhoon

Bas de sakti hoon ab main duaayein
Kaash tumhe mil paayein koi sahaare
Kyunki maine toh ab
Bhooli waadiyon mein dafna diye hain saare

Aaj Phir Ek Khwaab

Aaj phir ek khwaab
Tumhaara kiya pooraa
Aasha hai tumhaari ummeedon pe
Khari utree hoon thodi...
Par saath tumhaare bina
Zindagi poori rahee
Na adhoori...

Bas ek chah liye
Jeeye jaa rahee hoon
Tumhaare khwaabon ki duniya
Haqeeqat bana sakoon...
Itni shiddat se tumhaari
Har ek adhoori khushi karoon poori
Ki har ek pal mein har lamhe mein
Har ek ko tumhaara ehsaas kara sakoon...

❖ ❖ ❖

Namesake

Who am I???

A name with a surname
The owner of which is no more...
A body
Now without a soul...
Sometimes feel like
Hiding in the cupboard
Or just under the bed
I want to crawl...
Why does my existence now
Seem so fake
As if I exist
Just for name's sake...

www.ingramcontent.com/pod-product-compliance
Lightning Source LLC
LaVergne TN
LVHW010656200726
843507LV00011B/1899